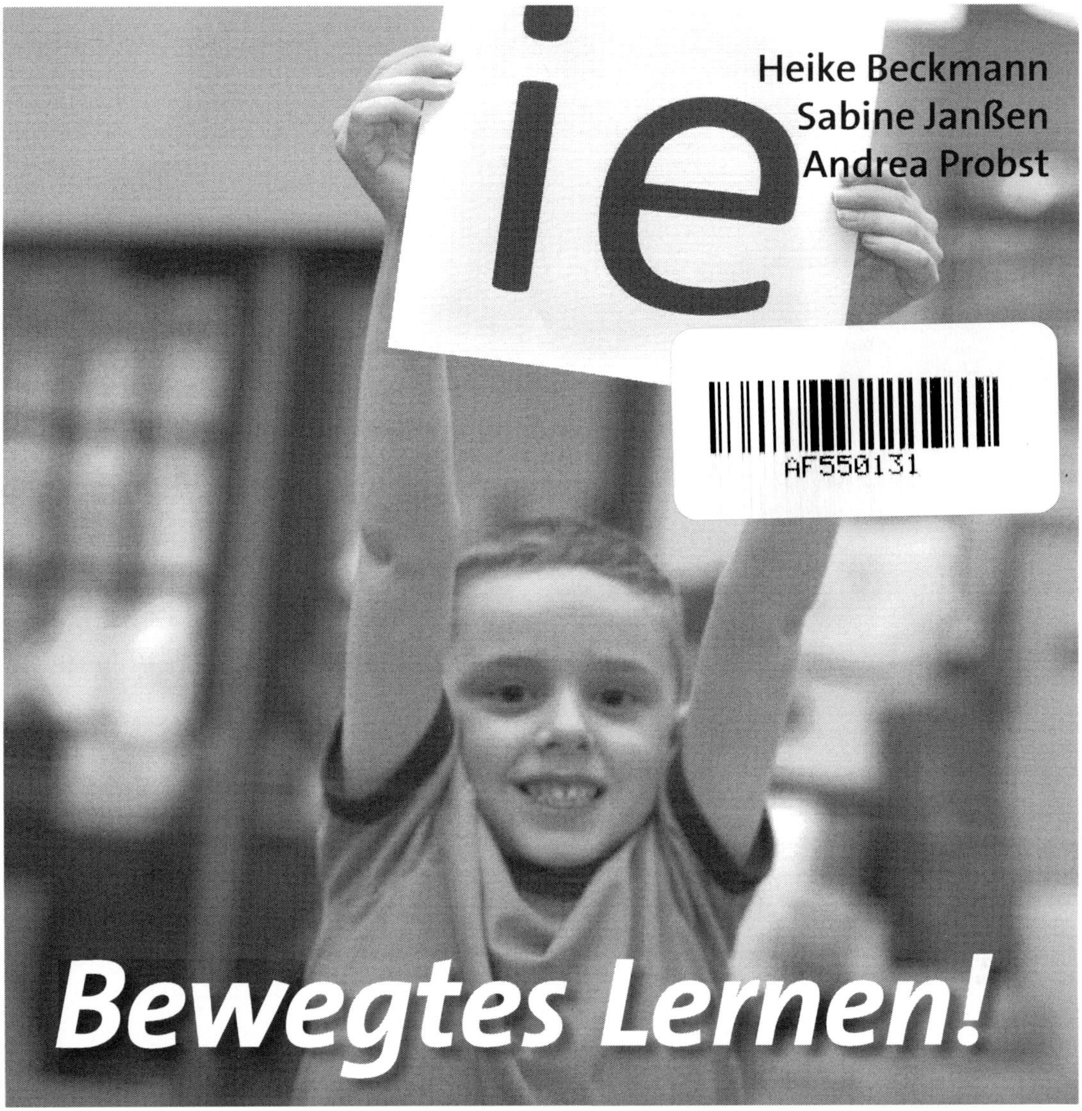

Heike Beckmann
Sabine Janßen
Andrea Probst

Bewegtes Lernen!

Deutsch

1.–4. Klasse

Inhalte in und durch Bewegung nachhaltig verankern

5. Auflage 2025

Autor*innen: Heike Beckmann, Sabine Janßen, Dr. Andrea Probst
Umschlagfoto: istockphoto / © Ryan Lane
Illustrationen: Corina Beurenmeister
Satz: fotosatz griesheim GmbH
Druck und Bindung: Druckerei Joh. Walch, Augsburg
ISBN 978-3-403-**06853**-2

www.auer-verlag.de

Vorbemerkung

Für die fachliche und redaktionelle Durchsicht der Beispiele danken wir **Claus Beckmann.**

Die folgende Einführung zu theoretischen Grundlagen eines Bewegten Unterrichts bzw. des Bewegten Lernens ist aus dem von **Katrin Riegel** verfassten Einführungskapitel im Buch „Bewegtes Lernen! Mathe", das ebenfalls in dieser Reihe erschienen ist, übernommen worden.

Bewegter Unterricht

In die Schule kommen nicht nur die Köpfe der Schüler[1], sondern immer das ganze Kind mit seinen individuellen Bedürfnissen, auch seinen Bewegungsbedürfnissen. Daher erscheint es unsinnig, die Bewegungserfahrungen der Kinder auf die Pausen und den Sportunterricht zu beschränken und im Unterricht die tradierten Formen beizubehalten, die durch Sitzen, Zuhören und Stillarbeit gekennzeichnet sind. Vielmehr sollte die Verknüpfung von Bewegung *und* Lernen in einem Unterricht, der die körperlichen, emotionalen, materialen und sozialen Bedürfnisse der Kinder berücksichtigt, selbstverständlich sein (vgl. Riegel & Hildebrandt-Stramann, 2008).

Ein bewegter Unterricht unterstützt das Lernen dabei auf unterschiedliche Art und Weise:

- Erkenntnisse von und über die Welt gewinnen Kinder in der handelnden wahrnehmungsorientierten Auseinandersetzung mit derselben. Daher ergänzen Bewegungserfahrungen die bildhaften und symbolischen Wissenszugänge der Schüler auf einer körperlich-sinnlichen Ebene (vgl. Laging, 2000 b, Bruner 1971). Bewegungshandlungen werden genutzt, um sich „ein Lernthema zu erschließen, dabei etwas zu erkennen, zu erfahren, leibhaftig zu spüren und evtl. auch besser zu verstehen" (Hildebrandt-Stramann, 2009, S. 4).
- Die stärkere praktische, problem- und erlebnisorientierte Ausrichtung von Unterricht wird gleichzeitig von Hirnforschern wie Spitzer (2007) oder Hüther (2007) gefordert. Deren Untersuchungen bestätigen die positiven Effekte ganzheitlicher Unterrichtsinszenierungen auf die Lernprozesse der Schüler.
- Bewegung hat einen motivierenden Charakter. Ein bewegter Unterricht kann Emotionen wie Freude hervorrufen und das Wohlbefinden der Kinder im Unterricht erhöhen. Und obwohl positive Gefühle in der Motivationspsychologie nicht als zwingend lernförderlich gelten (vgl. Abele, 1995), kann man davon ausgehen, dass Freude als eine spontane, innere und emotionale

[1] Wenn in diesem Buch vom Schüler gesprochen wird, ist auch immer die Schülerin gemeint. Ebenso verhält es sich mit Lehrer und Lehrerin.

Reaktion auf eine angenehme Situation, Auswirkungen auf subjektive Befindlichkeiten wie Wohlbefinden im Unterricht hat (vgl. Hascher, 2004).

- Bewegung führt zu einer Verbesserung der Sauerstoffversorgung des Gehirns, was das Aktivationsniveau des Gehirns steigern und dadurch positiven Einfluss auf die Konzentration und das Reaktionsvermögen haben kann (vgl. Schirp 2010; Fischer, Dickreiter & Mosmann, 1998).
- Bewegung im Unterricht hilft, einseitiger körperlicher Beanspruchung durch zu häufige statische Sitzhaltungen entgegenzuwirken. Denn für eine optimale Funktion von Muskeln und Strukturgewebe ist ein Wechsel von Entspannung und Aktivität am förderlichsten (vgl. Graf, 1998, S. 228).

Diese Begründungsmuster werden durch Untersuchungsergebnisse aus der Neurophysiologie untermauert. Körperliche Bewegung ist ein wichtiger Stimulus für die Neubildung von Hirnzellen und deren Vernetzung und scheint dadurch Einfluss auf Strukturen und die Funktionsweise des Gehirns zu haben, insbesondere auf kognitive Prozesse wie Gedächtnisleistung und Lernvermögen (Walk, 2011). Die Komplexität der Vernetzung von Neuronen im Gehirn untereinander scheint das Potential für assoziationsreiche geistig-sinnliche Leistungen zu sein und entscheidend durch die Eigenaktivität des Heranwachsenden geprägt zu werden (vgl. Rittelmeyer, 2002). Ein Unterricht, der die Emotionen, Stimmungen und Neigungen, aber auch individuelle Lernzugänge der Kinder berücksichtigt, kann also auf ein bewegtes Lernen mit „Kopf, Herz und Hand" im Sinne von Pestalozzis Anschauungspädagogik nicht verzichten.

Bezogen auf die Unterrichtsmethodik kann Lernen auf verschiedene Art und Weise über körperliche Bezüge erfolgen:

Lernen *mit* Bewegung *(vgl. Abb. 1)*

Zunächst kann Bewegung genutzt werden, um eine Unterrichtseinheit zu strukturieren und somit den Wechsel von körperlicher und seelischer Anspannung und Entspannung im Unterrichtsprozess zu berücksichtigen. Hierzu können auf der einen Seite offene Unterrichtsformen und Schüler aktivierende Methoden, wie Freiarbeit, Stationenlernen oder Gruppenarbeit, sowohl der äußeren als auch der inneren Rhythmisierung des Unterrichts durch den Schüler selbst dienen[2]. Dadurch erfolgt das Lernen grundsätzlich bewegter als in frontalen Unterrichtsformen. Denn die Schüler suchen sich – je nach Freiheitsgrad – z. B. ihre Themen oder Aufgaben heraus, entwickeln (bewegte) Lernwege, besorgen

[2] Man kann im Rahmen einer Unterrichtseinheit zwischen äußerer und innerer Rhythmisierung unterscheiden. Äußere Rhythmisierung beschreibt den Wechsel der Lehr-/Lernformen innerhalb einer Unterrichtseinheit, der vom Lehrer oder vom Schüler aus gelenkt werden kann. Innere Rhythmisierung meint die individuelle Steuerung des Lernprozesses durch den Schüler, der sein Lernen grundsätzlich selbst lenkt (vgl. Burk, 2006).

sich Materialien, bilden Lerngemeinschaften und präsentieren Lernergebnisse. Weiterhin können bewegungsaktive oder entspannende Pausen vom Lehrer im Sinne einer äußeren Rhythmisierung während des Unterrichtsverlaufs eingeschoben werden. Diese Bewegungspausen dienen in der Regel entweder der Aktivierung oder der Entspannung der Schüler in oder nach konzentrierten Arbeitsphasen. In diesem Buch wird Lernen *mit* Bewegung allerdings nicht thematisiert. Bei den Praxisbeispielen handelt es sich um Formen von bewegtem Lernen, die im Zusammenhang mit dem fachlichen Gegenstand stehen. Dabei wird Bewegung direkt in die Inszenierungsform des Unterrichts eingebunden und es besteht eine direkte Verknüpfung zwischen der Lehr-/Lerneinheit und der Bewegung, die der Lehrer explizit initiiert.

Lernen *in* Bewegung *(vgl. Abb. 1)*

Bei dieser Möglichkeit, Bewegung in den Unterricht zu integrieren, erfolgt die Verknüpfung von Bewegung und Lernen nur auf zeitlicher Ebene, es besteht zwar ein methodischer, aber **kein** inhaltlicher Zusammenhang zwischen der Bewegung und dem Lerngegenstand. In diesem Fall begleitet das Sich-Bewegen den Lernprozess, die Bewegung wird *lernbegleitend* eingesetzt. Daher dient die Bewegung in diesem Fall der kindgemäßen Rhythmisierung einer Unterrichtseinheit, hat aber keinen Bezug zum Unterrichtsthema.

Lernen *durch* Bewegung *(vgl. Abb. 1)*

Sich-Bewegen wird genutzt, um die Qualität des Lernprozesses zu erhöhen und diesen um einen weiteren „Erschließungskanal" zu ergänzen. Das leibliche Lernen basiert auf sinnlicher Wahrnehmung, und der „Einverleibung des Wahrgenommenen" (Liebau, 2007, S. 104). Dabei wird die Bewegung zu einem Medium der körperlich-sinnlichen Aneignung von Lerninhalten in einem am eigenen Tun orientierten Unterricht und bekommt eine *lernerschließende* Funktion. Die Verknüpfung von Bewegung und Lernen erfolgt dabei gleichzeitig auf einer zeitlichen und inhaltlichen Ebene.

Laging et al haben die genannten Möglichkeiten, wie Bewegung auf unterschiedliche Weisen und in verschiedenen Formen in den Unterricht integriert werden kann, noch einmal zusammenfassend dargestellt *(Abb. 1)*:

Bewegter Unterricht

Lernen *mit* Bewegung
(Bewegte Lernorganisation)
Z. B. Bewegungspausen, Freiarbeit/Stationenlernen, Bewegtes Mobiliar

Projektunterricht

Lernen *in* Bewegung
(Lernen und Bewegung werden zeitgleich inszeniert)
Z. B. Ballabfrage, Laufaufgaben

Lernen *durch* Bewegung
(Lernerschließung *durch* Bewegung in einem handlungsorientierten Unterricht)
Z. B. Bewegungsexperimente

Fächerübergreifender Unterricht

Abb.1: Ebenen und Formen von Bewegung im Unterricht (nach Laging et al, 2010)

Bewegung kann also als rhythmisierendes Element entweder in Form von Bewegungspausen oder bewegten Lernaufgaben bewusst eingeplant werden oder sie wird durch eine offene Unterrichtsorganisation zugelassen und ermöglicht dadurch die Eigenrhythmisierung der Schüler im Unterricht. Vom Lehrer aus organisierte Bewegungspausen und der lernbegleitende Bewegungseinsatz dienen der äußeren Rhythmisierung und Auflockerung des Unterrichts und unterstützen dadurch das Lernen. Wenn Bewegung lernerschließend genutzt wird, unterstützt diese Form der Bewegungsintegration den Lernprozess auf qualitative, integrative Weise, indem sie hilft, den Lerninhalt zu durchdringen.

Ergänzt werden kann die Berücksichtigung der körperlich-leiblichen Bedürfnisse durch einen Klassenraum, der auch ein Bewegungsraum sein darf. Ein bewegter Klassenraum zeichnet sich dadurch aus, dass er verschiedene Arbeitsplätze, Rückzugsnischen aber auch Gelegenheiten für Partner- und Gruppenarbeiten oder Gemeinschaftsaktivitäten bietet. Die Ausstattung kann durch mobiles Mobiliar ergänzt werden, welches dynamisch-aktives Sitzen (Halbwalzen, Sitzkissen oder Sitzbälle) ermöglicht und gleichzeitig die Integration von Bewegung fördert, wenn das Mobiliar leicht zu handhaben ist (vgl. Laging, 2000 a).

Katrin Riegel

Literatur

- Abele, Andrea (1995). Stimmung und Leistung. Göttingen: Hogrefe.
- Bruner, Jerome S. (2007). Über kognitive Entwicklung. IN: Jerome S. Bruner, Rose S. Olver & Patricia Greenfield (Hrsg.). Studien zur kognitiven Entwicklung. Stuttgart: Klett.
- Fischer, Bernd, Dickreiter, Bernhard & Mosmann, Hannjette (1998). Bewegung und geistige Leistungsfähigkeit – Was ist gesichert. IN: Urs Illi, Dieter Breithecker & Sepp Mundigler (Hrsg.). Bewegte Schule – Gesunde Schule (S. 131–136). Wäldli: Eigenverlag.
- Graf, Maggy (1998). Bewegte Lebensräume – Schulmobiliar und Einrichtungen. IN: Urs Illi, Dieter Breithecker & Sepp Mundigler (Hrsg.). Bewegte Schule – Gesunde Schule (S. 227–232). Wäldli: Eigenverlag.
- Hascher, Tina (2004). Wohlbefinden in der Schule. Münster: Waxmann Verlag.
- Hildebrandt-Stramann, Reiner (2009). Lernen mit Leib und Seele. Sportunterricht 58 (1), 3–7.
- Hüther, Gerald (2007). Hauptvortrag auf dem Kongress „Treibhäuser der Zukunft“ in Hamburg am 23.09.2007.
- Laging, Ralf (2000 a). Die Bausteine einer Bewegten Schule. IN: Ralf Laging & Gerhard Schillack (Hrsg.) Die Schule kommt in Bewegung (143–164). Baltmannsweiler: Schneider Verlag Hohengehren.
- Laging, Ralf (2000 b). Theoretische Bezüge und Konzepte der Bewegten Schule – Grundlagen und Überblick. IN: Ralf Laging & Gerhard Schillack (Hrsg.) Die Schule kommt in Bewegung (2–38). Baltmannsweiler: Schneider Verlag Hohengehren.
- Laging, Ralf, Dericik, Ahmet, Riegel, Katrin & Stobbe, Cordula (2010). Mit Bewegung Ganztagsschule gestalten. Baltmannsweiler: Schneider Verlag.
- Liebau, Eckart (2007). Leibliches Lernen. IN: Michalel Göhlich, Christoph Wulf & Jörg Zirfas (Hrsg.). Pädagogische Theorien des Lernens. Weinheim und Basel: Beltz.
- Riegel, Katrin & Hildebrandt-Stramann, Reiner (2009). Bewegung und Lernen. Tagungsband. Braunschweig: Eigenverlag.
- Schirp, Heinz (2010). Wie „lernt“ unser Gehirn? Neurodidaktische Zugänge zur Unterrichtsentwicklung. IN: Rolff, Hans-Günter, Rhinow, Elisabeth, Röhrich, Theresa (Hrsg.). Unterrichtsentwicklung – Eine Kernaufgabe der Schule (S. 3–28). Köln: LinkLuchterhand.
- Spitzer, Manfred (2007). Lernen: Gehirnforschung und die Schule des Lebens. Berlin: Spektrum.
- Walk, Laura (2011). Bewegung formt das Gehirn. DIE Zeitschrift für Erwachsenenbildung (1), S. 27–29.

Zum Aufbau

Der vorliegende Band bietet eine Sammlung von 55 Möglichkeiten, Methoden und Ideen, wie „Bewegtes Lernen" leicht und effektiv in den Unterricht integriert werden kann. Die Beispiele sind zunächst in zwei Abschnitte unterteilt, **Lernen *durch* Bewegung** und **Lernen *in* Bewegung** (s. die vorhergehende Einführung).

Weiterhin sind die Beispiele in diesen beiden Abschnitten anhand der in den „Bildungsstandards im Fach Deutsch für den Primarbereich"[3] festgelegten Kompetenzbereiche gegliedert. Somit finden sich jeweils Beispiele zu den Bereichen **Sprechen und Zuhören**, **Schreiben**, **Lesen – mit Texten und Medien umgehen** sowie **Sprache und Sprachgebrauch untersuchen.**

Alle Übungen sind vielseitig einsetzbar und können leicht an die spezifischen Bedürfnisse der Adressatengruppe angepasst werden.

Jede Übung nimmt eine Seite ein. Der Name der Bewegungsübung und die Jahrgangsstufe finden sich dabei direkt in der Kopfzeile.

Zur schnellen Orientierung sind immer **Ziel** (Was soll mit der Übung erreicht werden?), **Ort** (Welche räumlichen Voraussetzungen müssen gegeben sein?), **Sozialform** und das **Material**, das benötigt wird, aufgeführt.

Die Erläuterungen zur **Durchführung** wurden zur besseren Handhabung knapp gehalten.

Zusätzlich können sich noch **Hinweise** – wenn notwendig – oder eine **Variation** bzw. mehrere **Variationen** der Übungen finden.

Viele der Übungen eignen sich auch hervorragend zur **Wochenplanarbeit.** Ob das der Fall ist, erkennen Sie leicht am Icon .

Einige Übungen wurden von uns selbst entwickelt, andere sind weitläufig bekannt, in der Literatur bereits häufig erwähnt und in vielen Variationen beschrieben. Hier war keine eindeutige Quellenangabe möglich.

Heike Beckmann, Sabine Janßen, Dr. Andrea Probst

[3] Sekretariat der Ständigen Konferenz der Kultusminister der Länder in der Bundesrepublik Deutschland (Hrsg.). (2005). Beschlüsse der Kultusministerkonferenz: Bildungsstandards im Fach Deutsch für den Primarbereich. Beschluss vom 15.10.2004.

Ziel: Bedeutung einfacher Aussagen verstehen und in Bewegung umsetzen

Ort: Klassenraum oder Schulhof

Sozialform: Klassenunterricht
Kleingruppenarbeit für Variation

Material: –

Durchführung:

Die Schüler stehen möglichst im Kreis, gegebenfalls hinter ihrem Stuhl. Der Lehrer macht nun verschiedene Aussagen unter Verwendung von Bewegungsverben. Die Aussagen sollen anschließend von den Kindern ausgeführt werden.

Beispiele:

Alle Kinder hüpfen auf einem Bein/auf beiden Beinen.
Alle Mädchen winken.
Alle, die etwas Blaues anhaben, setzen sich auf den Boden.

Variation:

Wenn die Aufgabe im Klassenverband längere Zeit erprobt wurde und die Kinder damit genügend Beispiele für darzustellende Aufgaben bekommen haben, kann die gleiche Aufgabe auch in Kleingruppen durchgeführt werden, wobei immer der Reihe nach ein Schüler den Mitschülern eine Bewegungsaufgabe stellen darf.

Hinweis:

Die Übung 2 („Wo sind wir?") erweitert diese Zielsetzung.

Ziel: den Sinngehalt von Sätzen mit Lokaladverbien erfassen
Ort: Klassenraum
Sozialform: Klassenunterricht
Partnerarbeit für Variation
Material: –
Wortkarten mit Lokaladverbien für Variation

Durchführung:

Der Lehrer sagt einen Satz, der eine räumliche Beziehung enthält, z. B. „Ich stehe links vom Stuhl auf einem Bein." oder „Ich sitze vor dem Stuhl.". Alle Schüler folgen der Anweisung und wiederholen den Satz.

Variation:

In Partnerarbeit zieht jeweils ein Kind eine Wortkarte, bildet einen Satz und das andere Kind führt die Anweisung aus – dann Wechsel.

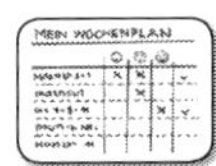

Die Variation ist für die Wochenplanarbeit geeignet. Dabei können die gebildeten Sätze notiert werden.

Ziel: zuhören, auf Gehörtes reagieren und es sinngemäß darstellen
Ort: Klassenraum oder Schulhof
Sozialform: Klassenunterricht
Material: –
Wortkarten mit Signalwörtern für Variationen

Durchführung:

Die Schüler stehen im Kreis. Zu verschiedenen Signalwörtern werden Bewegungen vereinbart, an denen drei nebeneinanderstehende Kinder teilhaben. Der Lehrer steht in der Mitte und erzählt eine Geschichte, in der die ausgewählten Begriffe vorkommen. Dabei zeigt er immer auf ein Kind, das zusammen mit seinen Nachbarn den entsprechenden Begriff darstellen soll.

Beispiele:

Tankstelle:
Das mittlere Kind macht sich steif wie eine Tanksäule, das links stehende Kind imitiert eine Pumpbewegung und das rechts stehende Kind ist der Zapfhahn, indem es seinen Zeigefinger an das Ohr des mittleren Kindes hält.

Toaster:
Das mittlere Kind hüpft als Toast auf und ab, die beiden Nachbarn fassen sich an den Händen und nehmen „den Toast" in die Mitte.

Elefant:
Das mittlere Kind imitiert mit seinen Armen einen Rüssel, die anderen beiden zeigen mit ihren Händen links und rechts die großen Ohren.

Variationen:

a) Die Schüler erhalten in Dreiergruppen jeweils ausgewählte Signalwörter. Zu den Signalwörtern überlegt sich jede Gruppe eine passende Darstellung. Beim Vortragen der Geschichte müssen die Gruppen nun eigenständig reagieren.

b) Die Schüler erhalten in Dreiergruppen jeweils ausgewählte Signalwörter. Zu den Signalwörtern überlegt sich jede Gruppe eine passende Darstellung. Die gefundenen Bewegungen werden von allen übernommen.

Hinweis:

Um mehreren Kindern gleichzeitig Bewegung zu ermöglichen, kann beim Erzählen auch auf zwei Gruppen gezeigt werden.

Ziel: sinnverstehend zuhören und Gehörtes durch Bewegung ausdrücken
Ort: Klassenraum
Sozialform: Klassenunterricht, Gruppenarbeit
Material: Geschichten (z. B. Fabeln oder Tiergeschichten)

Durchführung:

Der Lehrer liest eine Geschichte (z. B. eine Fabel oder Tiergeschichte) vor. Die Schüler hören die Geschichte zunächst als Ganzes und erhalten die Aufgabe zu hören, wie viele Personen (Tiere) und welche in der Geschichte auftauchen. Die Personen (Tiere) werden dann gruppenweise verteilt.

Variationen:

a) Die Gruppen verständigen sich, wie sie ihre Rolle darstellen wollen, oder jeder aus der Gruppe überlegt für sich, wie er es macht. Beim zweiten Vorlesen stellen die Gruppen immer, wenn die Person in dem vorgelesenen Text auftritt, ihre Rolle dar.

b) Mit genauerer Kenntnis der Geschichte können die Schüler anschließend ihre Rolle der Textaussage entsprechend gestalten, z. B.: böse gucken, Angst haben, ... Der Lehrer – oder ein Schüler – liest die Geschichte dabei so vor, dass an darstellbaren Stellen jeweils eine Pause gemacht wird.

c) Eine kurze Geschichte wird an Paare oder Kleingruppen (je nach Anzahl der enthaltenen Rollen) verteilt. Die Gruppe liest die Geschichte, erkennt und verteilt Rollen und probt die Darstellung der Rollen. Anschließend wird die Geschichte der Klasse präsentiert.

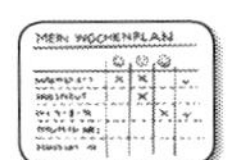

Variation c) ist vor allem als Wochenplanaufgabe geeignet und schult neben dem Hörverstehen auch das Lesen und Textverstehen.

Ziel: Buchstaben durch Spüren erkennen

Ort: Klassenraum

Sozialform: Partnerarbeit

Material: Seile oder hölzerne Vierkantleisten (ca. 30 cm)

Durchführung:

Die Schüler finden sich zu Paaren zusammen. Ein Schüler schließt die Augen, der andere legt aus Seilen oder Vierkantleisten einen Buchstaben. Das Kind mit den geschlossenen Augen soll diesen Buchstaben entlangbalancieren und ihn dadurch erraten. Der „sehende" Schüler kann seinem Partner beim Balancieren eine Hand als Gleichgewichtshilfe reichen.

6 Stille Post

Ziel: Buchstaben durch Spüren erkennen
Ort: Klassenraum
Sozialform: Kleingruppenarbeit
Material: –
Zettel und Stift für Variation a)

Durchführung:

Etwa fünf Schüler sitzen in einer Reihe hintereinander. Der Letzte der Reihe schreibt einen Buchstaben (Fortgeschrittene ein kurzes Wort) auf den Rücken des vor ihm Sitzenden. Dieser wiederum schreibt es dem vor ihm Sitzenden auf den Rücken usw. Am Ende wird verglichen, ob bei dem Ersten der Reihe der Buchstabe/das Wort richtig angekommen ist. Danach setzt der Letzte sich als Erster in die Reihe.

Variation:

a) Der Lehrer sagt dem Letzten in der Reihe leise den Buchstaben/das Wort vor. Das erste Kind in der Reihe notiert den Buchstaben/das Wort und hält den Zettel hoch.

b) Der Letzte der Reihe überlegt sich einen Buchstaben/ein Wort. Der Erste in der Reihe sagt ihn/es.

Ziel: Buchstaben und Laute festigen

Ort: Klassenraum

Sozialform: Einzelarbeit
Gruppenarbeit für Variation

Material: –

Durchführung:

Für jeden Buchstaben werden Bewegungsaufgaben bzw. -formen festgelegt, die der geschriebenen Form nahe kommen. Diese werden mit Strichmännchen an die Tafel gezeichnet, z. B.:

- *A* = Grätschstand
- *M* = zu zweit mit Handhaltung
- *O* = sich kugelrund machen
- *T* = Arme seitlich gestreckt
- *U* = auf Rücken liegend Arme und Beine in die Luft strecken

Die Schüler gehen im Klassenraum durcheinander. Dann wird vom Lehrer ein Buchstabe gerufen, der von den Schülern dargestellt werden soll.

Variation:

Es werden kurze Wörter und die Anzahl der enthaltenen Buchstaben genannt. Die Schüler finden sich entsprechend dieser Anzahl in Kleingruppen zusammen und „schreiben" das Wort, z. B. AUTO.

Hinweis:

Das dargestellte Alphabet ist auch als Plakat erhältlich.

Ziel: Buchstaben durch Spüren erkennen
Ort: Klassenraum
Sozialform: Partnerarbeit
Material: Buchstaben- oder Lernwörterliste

Durchführung:

Ein Partner sitzt an seinem Platz, der andere steht dahinter, legt seine Schreibhand auf die Schreibhand des Partners und schließt die Augen. Der sitzende Partner hat eine Liste mit Buchstaben oder Lernwörtern vor sich liegen. Von dieser Liste schreibt er einen Buchstaben/ein Lernwort großräumig und langsam mit dem Finger auf den Tisch. Der „blinde" Partner versucht, über die aufgelegte Hand den geschriebenen Buchstaben bzw. das Wort zu erkennen, und schreibt ihn/es anschließend auf ein Blatt Papier. Der Partner gibt eine Rückmeldung, ob der richtige Buchstabe bzw. das richtige Wort aufgeschrieben wurde, und beide kontrollieren die Schreibweise anhand der Liste. Dann werden die Rollen gewechselt.

Hinweis:

Sofern vorhanden, kann der stehende Partner auch eine Schlafbrille aufsetzen.

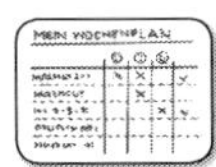

Die Aufgabe ist für den Wochenplan geeignet.

Ziel: Schriftbild von Druckbuchstaben erkennen, Rechtschreibung üben

Ort: Klassenraum

Sozialform: Klassenunterricht
Kleingruppen- oder Partnerarbeit für Variationen b) und c)

Material: –
Lernwörterliste für Variationen b) und c)

Durchführung:

Geschriebene Druckbuchstaben erstrecken sich über eine bis drei Ebenen in der Lineatur. Diese Tatsache soll in folgender Übung aufgenommen und von den Schülern leiblich dargestellt werden. Dazu werden mit ihnen Körperhaltungen vereinbart, die dem Schriftbild der einzelnen Buchstaben entsprechen. Für einen Buchstaben, der sich über die mittlere und obere Ebene erstreckt, wie z.B. das große *Z* oder ein kleines *l*, steigen die Schüler auf einen Stuhl. Für Buchstaben, wie z.B. ein kleines *i* und ein kleines *e*, die sich nur auf der mittleren Ebene befinden, wird mit angezogenen Beinen auf dem Stuhl gekauert. Buchstaben mit Unterlängen, wie z.B. das kleine *g* werden auf dem Stuhl sitzend mit den Füßen auf dem Boden dargestellt. Auf diese Weise kann beispielsweise das Wort „Ziel" mit den Körperhaltungen „Stehen – Kauern – Kauern – Stehen" dargestellt werden.

Variationen:

a) Der Lehrer nennt ein Wort aus dem Übungskontext, die Schüler stellen es mithilfe der festgelegten Körperhaltungen dar.

b) Die Schüler bilden Kleingruppen. Jede Gruppe bekommt eine Liste mit Lernwörtern. Reihum stellt ein Schüler ein von ihm ausgewähltes Lernwort dar. Die Mitschüler identifizieren dieses auf ihrer Lernwörterliste.

c) Das gleiche Verfahren ist auch in Partnerarbeit möglich.

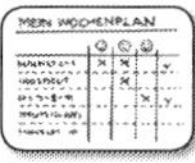

Die Übung ist auch als Wochenplanarbeit möglich.

Ziel: Geschichten darstellen und selbst schreiben, Handlungsanweisungen erkennen

Ort: Klassenraum, Sporthalle

Sozialform: Klassenunterricht, anschließend Partner- oder Kleingruppenarbeit

Material: vorbereitete Geschichte

Durchführung:

Der Lehrer liest den Kindern eine umgeschriebene Geschichte vor, z. B. die Geschichte von der mutigen Maus und dem ängstlichen Elefanten. Die Kinder bilden Paare, eines übernimmt die Rolle des Elefanten, das andere die Rolle der Maus. In der vorgelesenen Geschichte sollten viele Sätze mit Handlungsanweisungen vorkommen, z. B. „Die mutige Maus setzte sich auf den Boden. Der ängstliche Elefant versteckte sich hinter der Maus. Beide standen gleichzeitig auf, sie liefen Hand in Hand über eine Wiese." usw. Die Kinder bewegen sich entsprechend der genannten Anweisungen in der Geschichte.

Anschließend sollen die Kinder in Paaren oder Kleingruppen ein eigenes Regiebuch schreiben. Dafür bekommen sie geeignete Geschichten oder Textausschnitte und der Lehrer erklärt die Besonderheiten eines Regiebuchs. In einem Regiebuch müssen sich zusätzlich zum Text viele Handlungsanweisungen befinden und Rollen und Dialoge vorhanden sein, damit die Schauspieler wissen, was sie tun sollen. Die Anweisungen stehen in Klammern. Nachdem die Gruppe das Regiebuch geschrieben hat, übt sie eine Vorstellung ein.

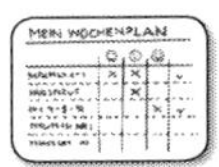

Die Aufgabe eignet sich für den Wochenplan.

11 Gedichte erkennen

Ziel: Texte in Bewegung umsetzen
Ort: Klassenraum
Sozialform: Klassenunterricht, Gruppenarbeit
Material: vier kurze Gedichte

Durchführung:

In der Klasse werden vier kurze Gedichte gemeinsam gelesen und Verständnisfragen geklärt. Danach werden die Schüler in Kleingruppen aufgeteilt. Jede Gruppe bekommt ein Gedicht zugeteilt, das sie pantomimisch darstellen soll. Nach der Vorführung wird in der Klasse besprochen, ob das jeweilige Gedicht zu erkennen war.

Hinweis:

Kurze Gedichte oder nur eine Strophe eines Gedichts auswählen.

Ziel: Schlüsselszenen eines Märchens erkennen und darstellen
Ort: Klassenraum
Sozialform: Kleingruppenarbeit
Material: Blätter mit je einem sinnvollen Teilabschnitt eines Märchens

Durchführung:

Es werden Kleingruppen gebildet. Jede Gruppe bekommt einen Ausschnitt aus einem allen Kindern bekannten Märchen mit einer markanten Szene.

Beispiel:

Dornröschen

Abschnitt 1: Feen kommen.

Abschnitt 2: Dornröschen sticht sich an der Spindel, alle schlafen ein.

Abschnitt 3: Prinz kämpft mit der Dornenhecke.

Abschnitt 4: Dornröschen und der Prinz heiraten.

Die Kinder sollen ihre Abschnitte pantomimisch darstellen und sich dann entsprechend ordnen.

Ziel: Wörter und Texte spielerisch darstellen

Ort: Klassenraum

Sozialform: Partner- oder Kleingruppenarbeit, anschließend Klassenunterricht

Material: Wortkarten mit Nomen und Verben

Durchführung:

Die Kinder ziehen eine zuvor festgelegte Anzahl von Karten mit Nomen und Verben (z. B.: Baum, Nest, klettern, werfen, finden) und erfinden eine einfache kurze Geschichte, die diese Wörter enthält. Dabei können sie auch weitere Wörter benutzen. Die Anzahl der Sätze kann vorgegeben werden (z. B. 3–5), um dadurch die Bearbeitungszeit zu begrenzen. Die entworfene Geschichte wird dann der Klasse in Form eines Rollenspiels vorgestellt.

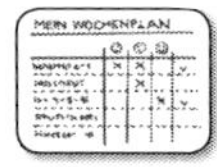

Die Aufgabe ist für den Wochenplan geeignet.

14 Planet und Fixstern

Ziel: Lokaladverbien kennenlernen
Ort: Klassenraum, Pausenhalle
Sozialform: Partnerarbeit
Material: –

Durchführung:

Die Kinder finden sich in Paaren zusammen. Ein Kind ist Fixstern, das andere Planet. Die Lehrkraft nennt Lokaladverbien, wie „oben", „neben", „hinter" etc. Die Kinder sollen diese Begriffe darstellen. Der „Fixstern" bleibt am Platz stehen, während der „Planet" sich an ihm orientiert.

Hinweis:

Diese Aufgabe kann mit der Übung 2 („Wo sind wir?") aus dem Kompetenzbereich *Sprechen und Zuhören* erweitert werden.

Ziel: Besonderheiten von Gedichten sinnlich erleben

Ort: Klassenraum, Pausenhalle

Sozialform: Klassenunterricht, Kleingruppenarbeit

Material: Gedicht

Durchführung:

Die Schüler sollen gemeinsam ein Gedicht erlernen, anschließend aufsagen und dazu folgende Aufgaben lösen:

a) Die Kinder gehen durch den Raum und sprechen gemeinsam mit der Lehrkraft das Gedicht. Dabei sollen sie versuchen, einen gemeinsamen Rhythmus zu finden.

b) Die Kinder erproben in Kleingruppen einen eigenen Rhythmus (z. B. Rap).

Ziel: Verben spielerisch darstellen
Ort: Klassenraum
Schulgebäude für Variation b)
Sozialform: Klassenunterricht
Partnerarbeit für Variationen
Material: Wortkarten mit Verben

Durchführung:

Ein Schüler zieht eine Wortkarte mit einem Verb und stellt dieses dar. Die Klasse errät das dargestellte Wort.

Variationen:

a) In Partnerarbeit zieht jeweils ein Partner eine Karte und spielt das Wort, das andere Kind errät es.

b) Im Schulgebäude verteilt befinden sich Stationen mit Wortkarten. Ein Kind stellt das Wort dar, das andere errät es. Bei der nächsten Station verfahren die Partner umgekehrt.

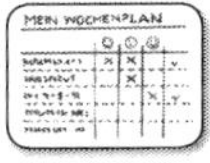

Die Variationen eignen sich für die Wochenplanarbeit.

Ziel: Reimwörter finden und damit arbeiten
Ort: Klassenraum, Pausenhalle
Sozialform: Partnerarbeit, anschließend Klassenunterricht
Material: –

Durchführung:

Die Kinder finden sich in Paaren zusammen. Jedes Paar sucht sich zwei Wörter, die sich reimen, und schreibt sie jeweils auf einen Zettel. Der Lehrer sammelt die Zettel ein. Dann zieht sich jedes Kind einen Zettel und sucht seinen „Reimpartner". Haben sich die Paare gefunden, sollen sie aus ihren Wörtern ein Kurzgedicht mit zwei Sätzen erdenken. Diese Sätze sollen sie gemeinsam rhythmisch sprechen und mit Bewegungen verbinden. Anschließend können die Kurzgedichte den anderen Kindern präsentiert werden.

Hinweis:

Gegebenenfalls kann der Lehrer Reimwortpaare vorbereiten.

Ziel: Aufforderungssätze verstehen und darstellen
Ort: Klassenraum
Sozialform: Partnerarbeit
Klassenunterricht für Variation b)
Material: Zettel und Stift

Durchführung:

Die Schüler finden sich zu zweit zusammen. Jeder Partner notiert zunächst mehrere Aufforderungssätze, z. B.: „Steh auf!“; „Sei still!“, „Geh ins Bett!“

Anschließend spielen sich die Partner ihre notierten Sätze gegenseitig vor und der Partner muss jeweils den pantomimisch dargestellten Satz des anderen erraten.

Variationen:

a) Der Aufforderungssatz wird vorgelesen und der Partner soll den Satz spontan darstellen.

b) Ein Aufforderungssatz wird der ganzen Klasse vorgelesen und alle versuchen, den Satz darzustellen.

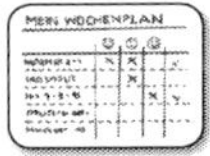

Die Aufgaben, außer Variation b), sind für den Wochenplan geeignet. Dafür können auch Sätze vorgegeben werden.

Ziel: Grund- und Steigerungsformen durch Körperausdruck erfassen
Ort: Klassenraum
Sozialform: Einzelarbeit
Gruppenarbeit für Variationen b) und c)
Material: –

Durchführung:

Die Schüler stehen hinter ihrem Stuhl. Der Lehrer nennt verschiedene Adjektive in Grund- oder Steigerungsform und die Schüler führen die Stufe darstellende Bewegungen durch:

Grundform (z. B. schön):	stehen
Mehrstufe (z. B. schöner):	auf Zehenspitzen stellen
Meiststufe (z. B. am schönsten):	hochspringen

Variationen:

a) Es werden Adjektive genannt, die in ihrer Grundform durch Körperausdruck oder Mimik und Gestik dargestellt werden können.

Beispiele: dünn, schnell, klein …

b) Es werden Dreiergruppen gebildet, die gleichzeitig die drei Formen in der Grunddurchführung oder der Variation a) darstellen.

c) Es werden Dreiergruppen gebildet. Jede Gruppe sucht sich ein Adjektiv aus. Sie sollen das Adjektiv und die Steigerungsformen (Mehr- und Meiststufe) körperlich darstellen und der Klasse vorspielen. Die Klasse errät, um welches Adjektiv es sich handelt.

Ziel: Satzzeichen in einem gehörten Text erkennen
Ort: Klassenraum
Sozialform: Klassenunterricht
Material: Text

Durchführung:

Die Schüler stehen hinter ihrem Stuhl. Der Lehrer liest einen Text langsam vor und die Schüler machen an entsprechenden Stellen – durch kurze Sprechpausen betont – mit dem Körper vereinbarte Darstellungen für die Satzzeichen:

Punkt:	hinsetzen und rund machen
Komma:	mit einem Fuß einen Strich über den Boden ziehen
Doppelpunkt:	mit beiden Fäusten nacheinander nach vorne boxen
Fragezeichen:	Katzenbuckel
Ausrufezeichen:	Strecksprung mit nach oben gestreckten Armen
Anführungszeichen unten:	beide Arme zusammen seitlich nach unten
Anführungszeichen oben:	beide Arme seitlich zusammen nach oben

Ziel: Bedeutung von Zeitformen durch Darstellung verstehen
Ort: Klassenraum
Sozialform: Klassenunterricht
Material: –

Durchführung:

Die Schüler stehen hinter ihrem Stuhl. Der Lehrer sagt einen Satz, in dem die Schüler die jeweilige Zeitform erkennen und dann mit folgenden Bewegungen darstellen sollen:

Präsens: Schlusssprung am Platz (Bedeutung „hier/jetzt")

Perfekt: Ausfallschritt nach hinten (Bedeutung „vergangen: hinteres Bein, mit Bezug zum Jetzt: vorderes Bein")

Präteritum: Sprung mit halber Drehung (Bedeutung „liegt hinter mir/darauf schaue ich zurück")

Futur: Sprung nach vorn (Bedeutung „liegt noch vor mir")

Hinweis:

Mit Einführung der Zeitformen können diese Bewegungen bereits eingeführt werden.

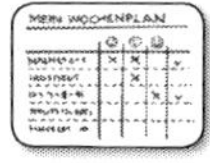

Die Aufgabe eignet sich als Partnerarbeit für den Wochenplan. Dafür werden Sätze vorgegeben, bei denen zur Kontrolle die Zeitformen gekennzeichnet sind.

Ziel: Bedeutung von Zeitformen durch Darstellung verstehen
Ort: Klassenraum
Sozialform: Klassenunterricht, Kleingruppenarbeit
Material: Sprichwörtersammlung

Durchführung:

An einem Beispiel („Mit dem Rücken zur Wand stehen") wird zunächst das wesentliche Merkmal von Sprichwörtern, die übertragene Bedeutung, durch Bewegung in Erfahrung gebracht:

Alle Schüler stehen zuerst frei im Raum und werden aufgefordert, verschiedene Bewegungen zu machen: Arme nach vorne, zur Seite, nach hinten strecken; ein Bein nach vorne, zur Seite, nach hinten schwingen. Anschließend stellen sich die Schüler eng mit dem Rücken an eine Wand. Aus dieser Position sollen sie nun dieselben Bewegungen wie vorher ausführen. Die sich unmittelbar ergebende Erkenntnis ist, dass die Bewegungsmöglichkeiten eingeschränkt sind. Damit ist die Bedeutung des Sprichworts im Kern erfasst.

Anschließend finden sich die Schüler in Kleingruppen zusammen und suchen sich aus einer Sprichwörtersammlung ein Sprichwort aus. Dieses Sprichwort wird dann von der Gruppe dem Wortsinn entsprechend dargestellt. Die Klasse versucht, das Dargestellte zu erkennen, wobei das Sprichwort ggf. im richtigen Wortlaut gesagt werden muss (z. B.: an Armen und Beinen hängen – „in den Seilen hängen"). Ausgehend von der Darstellung wird anschließend versucht, die übertragene Bedeutung zu erarbeiten.

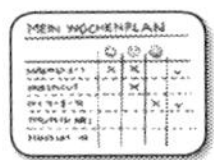

Die Gruppenarbeit ist als Wochenplanaufgabe geeignet. Dabei können die Gruppen auch aufgefordert werden, die Bedeutung eines Sprichwortes zu recherchieren (Internet, Eltern, ...), um damit ggf. sogar bei der Besprechung als Experten das Gespräch zu leiten.

Hinweis:

Bei der Zusammenstellung von Sprichwörtern ist darauf zu achten, dass sich diese für eine Erschließung durch Bewegung eignen.

Möglich sind z.B.:

Den Nagel auf den Kopf treffen
Mit dem Kopf durch die Wand gehen
Alle Viere von sich strecken
Jemandem den Buckel runterrutschen
Knapp daneben ist auch vorbei
Den Kopf in den Sand stecken
Alle Wege führen nach Rom
Ein Brett vorm Kopf haben

Ziel: Zuhören und das Verstandene in Bewegung umsetzen
Ort: Pausenhalle oder Schulhof
Sozialform: Kleingruppenarbeit
Material: Hütchen o. Ä. als Markierung

Durchführung:

Die Schüler bilden Kleingruppen und stellen sich hintereinander auf. Jedes Kind bekommt eine Rolle in der Familie zugewiesen (Mutter, Vater, Tochter, Sohn, Hund, Katze). Der Lehrer erzählt eine Geschichte. Immer wenn jemand aus der Familie benannt wird, muss er um ein gegenüberliegendes Hütchen laufen.

Variation:

In der Geschichte werden die Personen mit bestimmten Bewegungsverben verknüpft, z. B. „Die Tochter hüpft wie ein Frosch zum Tor." Diese Anweisungen müssen entsprechend umgesetzt werden.

Hinweis:

Die Variation ist außerdem dem Bereich „Lernen *durch* Bewegung" zuzuordnen.

Ziel: Laute unterscheiden und die Lautstruktur von Wörtern erfassen
Ort: Klassenraum
Sozialform: Klassenunterricht
Partnerarbeit für Variation d)
Material: –
Wortkarten für Variation d)

Durchführung:

Der Lehrer nennt einen zu beachtenden Buchstaben, z. B. *i*. Während alle Kinder mit geschlossenen Augen auf der Stelle gehen, werden verschiedene Wörter genannt. Befindet sich in dem genannten Wort ein *i*, bleiben alle Kinder stehen.

Variationen:

a) Es werden zwei Buchstaben/Laute vereinbart.

b) Nur wenn der Buchstabe am Anfang oder am Ende eines Wortes steht, bleiben die Schüler stehen.

c) Die Schüler sollen entscheiden, ob der Laut am Anfang, in der Mitte oder am Ende des Wortes steht, und entsprechend unterschiedliche Bewegungen ausführen:
am Anfang: beide Arme nach vorne strecken
in der Mitte: beide Hände in die Hüfte stützen
am Ende: beide Arme nach hinten strecken

d) Die Schüler finden sich zu zweit zusammen und erhalten eine bestimmte Anzahl an Wortkarten. In den Wörtern ist der jeweilige Laut hervorgehoben. Nun nimmt ein Partner eine Karte auf. Während er zunächst das Wort leise erliest, läuft der Partner auf der Stelle. Dann wird das Wort laut für den Partner gesagt. Dieser entscheidet zunächst, ob der Laut in dem Wort enthalten ist (weiterlaufen oder stehen bleiben) und wenn ja, an welcher Stelle sich der Laut befindet, siehe Variation c). Der Partner kontrolliert anhand der Lösung auf der Karte. Dann werden die Rollen getauscht.

Hinweis:

Dieses Beispiel lässt sich auch dem Kompetenzbereich *Schreiben* zuordnen. Da aber das konzentrierte, verstehende Hören im Vordergrund steht, ist es hier eingeordnet.

Variation d) eignet sich als Wochenplanaufgabe.

Ziel: sinnverstehend zuhören und Texte verändern

Ort: Klassenraum

Sozialform: Klassenunterricht

Material: bekannte Geschichte

Durchführung:

Alle Schüler gehen durch den Raum. Der Lehrer liest eine bekannte Geschichte vor, in die inhaltliche Fehler eingebaut wurden. Die Kinder sollen stehen bleiben, wenn sie einen Fehler bemerken.

Beispiel:

Original: Lisa fährt mit dem Bus zur Schule.

Fehler: Lisa fährt mit dem Fahrrad zur Schule.

Variationen:

a) Die Schüler bauen selbst Fehler in eine kurze bekannte Geschichte ein. Die Grundorganisation bleibt bestehen, wobei die Schüler jetzt ihre selbst veränderten Geschichten vorlesen.

b) In die Geschichte werden logische Fehler eingebaut (z. B. Lisa geht mit dem Bus zur Schule.).

Ziel: differenzierten Wortschatz entwickeln
Ort: Klassenraum
Sozialform: Klassenunterricht, Partnerarbeit
Material: Musik (CD-Player), Motivkarten

Durchführung:

Jedes Kind bekommt eine Karte mit einem Motiv (z. B. eine Frau, die Wäsche aufhängt; ein Hund, der frisst; ein Kind, das Ball spielt). Die Kinder gehen mit Musik durch den Raum. Bei Musikstopp suchen sie sich einen Partner und beschreiben sich gegenseitig das Motiv auf ihrer Karte, ohne die darauf abgebildeten Gegenstände direkt zu benennen. Sie dürfen die Motive auch pantomimisch darstellen. Das jeweilige Motiv soll vom Partner erraten werden.

Ziel: sich präzise ausdrücken und verbale Informationen in Handlung umsetzen

Ort: Pausenhalle, Schulhof, Sporthalle

Sozialform: Gruppenarbeit, Partnerarbeit

Material: Wegmarkierungen wie Pylonen, Steine, Stühle, Linien usw.

Durchführung:

Wie bei einer Wegbeschreibung soll einem Mitspieler der Weg zu einem ausgewählten Platz möglichst genau beschrieben werden. Die Ausgangsposition (Ort und Blickrichtung) des Wegbeschreibers und des Wegsuchers sind gleich. Als Vorbereitung werden verschiedene Wegmarkierungen im Raum verteilt. Den Schülern wird zunächst im Klassenverband die Aufgabe an mehreren Beispielen erklärt.

Beispiel:

„Geht von hier gerade auf das zweite Hütchen zu. Dreht euch dort so, dass ihr zum Fenster schaut. Geht bis zum Fenster. Dreht euch dort um, sodass ihr in die Richtung zurückschaut, aus der ihr gekommen seid. Sucht dann zwei nebeneinanderliegende Steine. Geht zu den Steinen."

Variationen:

a) Zusätzlich zur Wegbeschreibung können Bewegungsanweisungen für einzelne Wegstrecken gegeben werden, z.B.: „Hüpfe von der Pylone zum rechten Stein, dreh dich dort dreimal im Kreis, ..."

b) Der Raum und die Wegmarkierungen sind in einer Skizze („Karte") aufgezeichnet. Diese „Karte" bekommt jeder Schüler und soll dort einen Weg von A nach B einzeichnen. Anschließend wird der Weg dem Partner oder der Kleingruppe wie oben beschrieben.

Hinweis:

Der Raum sollte groß genug sein, damit die verschiedenen Gruppen sich nicht gegenseitig stören. Außerdem sollten genügend unterschiedliche Wegmarkierungen vorhanden sein, um verschiedenste Wege beschreiben zu können. Variationen ergeben sich außerdem durch veränderte Startpositionen.

Ziel: Buchstaben erkennen
Ort: Klassenraum
Sozialform: Klassenunterricht
Material: –

Durchführung:

Ein Kind steht vor der Klasse und sagt langsam das Abc auf. Immer dann, wenn der Anfangsbuchstabe des eigenen Vornamens (Nachnamens, des Namens der besten Freundin, der Lieblingsfarbe etc.) genannt wird, müssen die jeweiligen Kinder bestimmte Aufgaben erfüllen, z. B. hüpfen, sich im Kreis drehen, klatschen.

Variation:

Identifiziert werden soll beim Vorsagen des Alphabets der 2., der 3., ... Buchstabe des Vornamens usw.

Hinweis:

Zur Kontrolle kann jeweils ein Kind, das gehüpft ist, aufgefordert werden, den Buchstaben dem entsprechenden Wort zuzuordnen, z. B. „*G* ist der Anfangsbuchstabe von Greta." oder „*G* ist der erste Buchstabe meiner Lieblingsfarbe Grün."

Ziel: Wörter aus Lauten oder Silben entwickeln
Ort: Schulhof
Sozialform: Partnerarbeit
Kleingruppenarbeit für Variationen
Material: Kreide

Durchführung:

Es werden 16 Felder auf dem Boden markiert. In jedem Feld steht ein Buchstabe (eine Silbe). Ein Kind buchstabiert ein Wort, ein weiteres Kind hüpft auf die entsprechenden Buchstaben und verbindet sie zu einem Wort. Dann umgekehrt: Ein Kind wählt ein Wort, ein weiteres Kind hüpft auf die entsprechenden Buchstaben und spricht sie laut aus.

Variationen:

a) In Kleingruppen wählt ein Kind ein Wort, ein anderes springt und spricht die einzelnen Buchstaben aus, ein Kind schreibt das Wort auf und ein weiteres kontrolliert es.

b) Ein Kind flüstert einem Kind ein Wort ins Ohr, dieses springt auf die entsprechenden Buchstaben und das nächste Kind soll das Wort erkennen.

Die Aufgaben sind als Partneraufgabe für den Wochenplan geeignet.

Ziel: visuelles Erfassen und Merken von Lernwörtern

Ort: Klassenraum

Sozialform: Partnerarbeit

Material: Wortkarten

Durchführung:

In der Klasse werden Wortkarten mit Lernwörtern an verschiedenen Stellen aufgehängt. Ein Partner wird von dem anderen mit geschlossenen Augen zu einer Wortkarte geführt. Dort drückt der Partner den „Scan"-Knopf. Der Partner öffnet die Augen und prägt sich das Wort auf der Wortkarte ein. Dann schließt er die Augen wieder und wird vom Partner zurück zum Platz geführt. Hier schreibt er das Wort auf. Dann erfolgt ein Rollenwechsel.

Hinweis:

Für die Klassen 1/2 kann ein Blatt vorbereitet sein, auf dem die Lernwörter (z.B. Ball, Baum, Buch, ...) bildlich dargestellt sind. Das „gescannte" Wort wird daneben geschrieben und somit auch in seiner Bedeutung besser erfasst.

Ziel: Ordnung des Alphabets üben
Ort: Klassenraum oder Flur
Sozialform: Klassenunterricht
Kleingruppenarbeit für Variationen
Material: Buchstabenkarten A–Z

Durchführung:

Jeder Schüler zieht eine Buchstabenkarte, die er dann lesbar in der Hand hält und mit der er herumgeht. Wenn sich zwei benachbarte Buchstaben treffen, bleiben sie zusammen und versuchen, die weiteren Vorgänger und Nachfolger zu finden, so lange, bis am Ende die ganze Klasse in der richtigen alphabetischen Ordnung aufgestellt steht. Dann wird das Alphabet aufgesagt, indem jeder seinen Buchstaben nennt.

Variationen:

a) Buchstabenkarten werden entsprechend der Gruppengröße an Kleingruppen verteilt. Die Karten können fortlaufend oder auch mit beliebigen Lücken verteilt werden. Die Gruppe ordnet sich in alphabetischer Reihenfolge.

b) Kleingruppen ordnen sich nach ihrem Anfangsbuchstaben, nach ihrem zweiten/ihrem letzten Buchstaben.

Hinweise:

Wenn die Klasse aus mehr als 26 Schülern besteht, können die übrig gebliebenen Schüler die Reihenfolge kontrollieren und ggf. korrigieren. Bei weniger als 26 Schülern werden entsprechend viele Buchstaben am Anfang oder am Ende weggelassen.

Auf der Rückseite der Karte stehen klein die Nachbarbuchstaben (als Hilfe oder Kontrolle).

Ziel: Ordnung des Alphabets üben
Ort: Pausenhalle, Schulhof
Sozialform: Gruppenarbeit
Material: Softbälle

Durchführung:

Je nach Klassenstärke wird die Klasse in zwei oder drei Gruppen eingeteilt. Jede Gruppe stellt sich im Kreis auf und bekommt einen Softball. Das erste Kind, das den Ball hat, nennt einen beliebigen Buchstaben und wirft den Ball einem Mitschüler zu. Dieser fängt den Ball, sagt den folgenden Buchstaben und wirft den Ball weiter.

Variationen:

a) Wie im Ausgangsspiel nennt der Fänger den nächsten Buchstaben des Alphabets, nennt dann beim Weiterwerfen aber einen neuen Buchstaben, sodass immer nur noch Alphabet-Paare gebildet werden.

b) Wie Grundform oder Variation a), aber das Alphabet soll in rückwärtiger Reihenfolge aufgesagt werden.

Ziel: Ordnung des Alphabets festigen
Ort: Schulhof, Pausenhalle
Sozialform: Klassenunterricht
Material: Musik, Buchstabenkarten

Durchführung:

Kinder halten sichtbar einen Buchstaben vor ihrer Brust und bewegen sich nach Musik frei im Raum. Bei Musikstopp gibt der Lehrer verschiedene Anweisungen, z. B.:

- *E*, *I* und *R* stellen sich mit ihrem Vorgängerbuchstaben zusammen auf.
- *B*, *F*, *K*, *O*, *S* stellen sich mit ihrem Nachfolgerbuchstaben zusammen auf.
- *J*, *L*, *N*, *X* stellen sich mit ihrem Vorgänger- und Nachfolgerbuchstaben auf.
- *C*, *G*, *U* stellen sich mit ihren beiden Vorgängerbuchstaben in rückwärtiger Reihenfolge auf (z. B. *C B A*).

Ziel: Ordnung des Alphabets festigen

Ort: Schulhof

Sozialform: Klassenunterricht
Partnerarbeit für Variation d)

Material: –
Abc-Liste für Variation d)

Durchführung:

Die Schüler stehen an einer Linie auf dem Schulhof und bekommen vom Lehrer die Aufgabe, bis zu einem bestimmten Buchstaben zu gehen. Dabei wird für jeden Buchstaben ein Schritt gemacht, z. B.: „Geht von *A* bis *E*!" Die Schüler machen fünf Schritte und sprechen dabei laut im Chor *„A, B, C, D, E"*.

Variationen:

a) Die Schüler stehen verteilt auf dem Schulhof und jeder spricht für sich leise die zu schreitenden Buchstaben.

b) Die Schüler schreiten die Buchstaben vor und dann wieder zurück.

c) Start ist nicht bei *A*, sondern bei einem beliebigen Buchstaben.

d) Die Schüler finden sich zu zweit zusammen und bekommen eine Abc-Liste. Ein Partner gibt dem anderen eine Aufgabe entsprechend der Variationen b) und c). Dieser schreitet mit Aufsagen das Abc. Der Partner kontrolliert anhand der Abc-Liste.

Variation d) ist für die Wochenplanarbeit geeignet.

Ziel: schwierige Wörter richtig schreiben
Ort: Klassenraum
Sozialform: Klassenunterricht
Material: Buchstabenkarten

Durchführung:

Der Lehrer wählt Wörter aus und bereitet zu jedem Wort Karten mit den einzelnen Buchstaben vor.

Die Klasse sitzt in einem Sitzkreis. Die Buchstabenkarten werden in die Mitte auf den Boden gelegt. Der Lehrer nennt ein Wort. Er bestimmt eine Gruppe von Kindern entsprechend der Anzahl der Buchstaben des genannten Wortes. Diese Kinder sollen nun die benötigten Buchstaben ziehen und sich vor der Gruppe in der richtigen Reihenfolge aufstellen. Die sitzenden Kinder dürfen bei der Auswahl der Buchstaben behilflich sein.

Ziel: Wörter richtig schreiben
Ort: Klassenraum
Sozialform: Klassenunterricht
Material: Tafel, Lernwörterliste, Zettel, Stift, Würfel

Durchführung:

Die Kinder sitzen möglichst im Halbkreis vor einer Tafel. Ein Kind liest laut von einer Lernwörterliste, die an der Tafel hängt, ein Wort vor und notiert es auf der Tafelrückseite. Die anderen Kinder schreiben das Wort auf ein Blatt, das am Platz liegen bleibt. Das Kind an der Tafel würfelt. Die Augenzahl bestimmt, um wie viele Plätze jedes Kind im Uhrzeigersinn wechseln muss, wobei der Platz an der Tafel mitgezählt wird. Am neuen Platz wird das vorher geschriebene Wort kontrolliert. Zum Vergleich wird dann die Tafel aufgeklappt. Das Kind an der Tafel liest das nächste Wort vor und notiert es wiederum an der Tafel.

Ziel: Groß- und Kleinschreibung üben
Ort: Klassenraum
Sozialform: Klassenunterricht, Partnerarbeit
Material: –
Zettel und Stift für Variation

Durchführung:

Die Schüler sitzen auf ihren Stühlen und der Lehrer liest einen Satz zunächst zusammenhängend, dann langsam Wort für Wort vor. Die Schüler entscheiden bei jedem Wort, ob es groß (aufstehen und nach oben strecken) oder klein (vor den Stuhl setzen) geschrieben wird. Nach jedem Wort wird wieder die „neutrale" Sitzposition eingenommen.

Variation:

Nachdem der Satz dargestellt wurde, schreibt jeder Schüler ihn auf ein Blatt. In dieser Form eignet sich die Aufgabe gut zur Diktatvorbereitung.

Als Partnerarbeit eignet sich die Aufgabe auch für den Wochenplan.

Ziel: Wörter erkennen
Ort: Klassenraum
Sozialform: Einzelarbeit
Material: Wortkarten mit verschlüsselten Wörtern

Durchführung:

Im Klassenraum werden Karten mit verschlüsselten Wörtern aufgehängt, z. B.: UMBA, NKID, MUZ, THGE, SDA. Die Schüler gehen mit einem Blatt von Karte zu Karte, schreiben das verschlüsselte Wort ab und versuchen, es zu entschlüsseln und richtig aufzuschreiben. Anschließend versuchen sie, aus den entschlüsselten Wörtern einen oder mehrere sinnvolle Sätze zu bilden. Bei dem genannten Beispiel also: Das Kind geht zum Baum.

Hinweis:

Wenn viele verschlüsselte Wörter aufgehängt sind, müssen nicht alle bei der Satzbildung verwendet werden, aber es dürfen keine anderen Wörter hinzugefügt werden.

UMBA	NKID	MUZ	THGE	SDA

Ziel: Buchstabenerkennung festigen
Ort: Klassenraum
Sozialform: Klassenunterricht
Material: Buchstabenkarten

Vorbereitung:

Buchstabenkarten werden jeweils paarweise nach verschiedenen Gesichtspunkten vorbereitet: großer und kleiner Buchstabe, Druck- und Schreibschrift-Buchstabe.

Durchführung:

Jeder Schüler zieht von einem Stapel eine Buchstabenkarte und geht damit durch den Raum, um seinen Partner zu suchen (z. B. kleines *a* sucht großes *A*). Nach erfolgreicher Partnerfindung werden alle Karten wieder auf einen Stapel gelegt und es wird erneut gezogen.

Variation:

Schüler ziehen von einem Stapel eine Karte (es gibt einen Konsonanten- und einen Vokalstapel) und gehen mit ihrem Buchstaben durch den Raum. Auf ein Signal suchen sie sich einen Partner aus der anderen Buchstabengruppe, fassen sich an den Händen und sprechen die entstandene Silbe.

Ziel: Lesekompetenz entwickeln
Ort: Schulhof
Sozialform: Partnerarbeit
Material: Kreide
Zettel und Stift für Variation

Durchführung:

Jeder Schüler schreibt ein Wort aus dem Orientierungswortschatz mit Kreide auf den Schulhof. Anschließend geht jeder die beschriebene Fläche ab und versucht, sich zu merken, wo welches Wort steht. Dann finden sich jeweils Paare zusammen. Ein Partner nennt dem anderen zwei Wörter, die von diesem erhüpft werden sollen. Beispiel: „Hüpfe von BAUM zu BALL!" Der Partner versucht, mit möglichst wenigen Sprüngen von einem Wort zum anderen zu hüpfen.

Variation:

Beim Betrachten der Wörter versucht jeder Schüler, kurze sinnvolle Sätze mit zwei Wörtern zu bilden, und notiert mehrere Sätze auf einem Blatt Papier.

Beispiel:

Der Baum steht im Wald.

Das Spiel verläuft dann wie oben beschrieben.

Ziel: Wörter anhand der Silben zusammenfügen
Ort: Klassenraum
Sozialform: Klassenunterricht
Material: Silbenkarten
Zettel und Stift für Variation

Durchführung:

Zweisilbige Wörter werden zerschnitten und gemischt auf den Boden gelegt. Jedes Kind zieht eine Silbenkarte und bewegt sich damit durch den Raum auf der Suche nach dem Partner. Partner, die sich gefunden haben, fassen sich an den Händen und stellen sich entsprechend dem Wort nebeneinander auf. Wenn alle Silbenpartner sich gefunden haben, spricht jedes Paar sein Wort und hält die Silbenkarten hoch. Danach werden die Karten wieder gemischt und neu gezogen.

Variation:

Die Wörter werden mit Silbentrennung aufgeschrieben.

Ziel: Lesekompetenz entwickeln
Ort: Klassenraum
Sozialform: Kleingruppenarbeit
Material: Wörterliste(n), Wortkarten

Durchführung:

Auf einen Zettel wird eine Liste von Wörtern entsprechend der Gruppengröße (ca. vier bis sechs) geschrieben. Zu jedem Wort gibt es eine Wortkarte mit einem Band. Die Wortkarten liegen verdeckt neben der Liste an einem Platz. Jeder Schüler nimmt sich eine Wortkarte und hängt sie einem Mitschüler aus der Gruppe auf den Rücken, ohne dass dieser das Wort lesen kann. Anschließend gehen alle Schüler durcheinander und lesen die Wortkarten der Mitschüler. Wer meint – durch Ausschlussverfahren –, das eigene Wort zu wissen, schreibt es auf einen Zettel. Wenn alle fertig sind, werden die aufgeschriebenen Wörter mit der Liste bzw. der Wortkarte verglichen.

Wenn jede Kleingruppe verschiedene Listen und Wortkarten erhält, können anschließend die Listen gewechselt und das Spiel wiederholt werden.

Ziel: sinnverstehendes Lesen
Ort: Klassenraum
Sozialform: Einzelarbeit, Klassenunterricht, Partnerarbeit
Material: Geschichten (Textteile)

Durchführung:

Mehrere kurze Geschichten werden in zwei (oder auch mehr) Teile zerschnitten und an verschiedenen Stellen im Raum aufgehängt. Jeder Textteil wird mit einem Buchstaben oder einer Zahl gekennzeichnet. Die Schüler gehen zu einem beliebigen Textteil, lesen diesen und suchen anschließend den passenden zweiten Teil. Auf einem Zettel notieren sie die beiden Kennzeichen in der richtigen Reihenfolge (z. B. E – Anfang, A – Ende). In der Gesamtklasse werden dann die Geschichten nacherzählt.

Hinweis:

Die zusammengehörenden Textteile sollten nicht durch verschiedene Schriften oder Schriftsätze erkennbar sein.

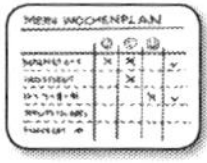

Die Aufgabe ist als Partneraufgabe auch für den Wochenplan geeignet. Eine Geschichte wird dann dem Partner nacherzählt.

Ziel: Text auswendig lernen
Ort: Pausenhalle, Schulhof
Sozialform: Gruppenarbeit
Material: Abzählvers oder Gedicht

Durchführung:

In einem großzügigen Abstand (mind. fünf Meter) von der Gruppe wird ein Text (Gedicht, Abzählvers) hinterlegt. Ein Schüler der Gruppe geht zum Text, prägt sich einen Satzteil oder einen Vers ein, kehrt zur Gruppe zurück und trägt seinen Textteil vor. Die Gruppenmitglieder wiederholen den Textteil. Nun geht ein nächster Schüler zum Text, prägt sich den nächsten Textteil (oder bei Bedarf den gleichen wie sein Vorgänger) ein und überbringt diesen wieder seiner Gruppe. Die Gruppe wiederholt möglichst beide Textteile hintereinander.

Die Aufgabe der Gruppe ist gelöst, wenn sie gemeinsam vor der Klasse den vorgegebenen Text aufsagen können. Auf diese Weise kann in Gruppenarbeit ein Gedicht oder ein Abzählvers von der gesamten Klasse zusammengesetzt werden.

Ziel: Artikel richtig zuordnen
Ort: Klassenraum
Sozialform: Einzelarbeit, Klassenunterricht
Material: Wortkarten, Kartons, Tafel, Magnete oder Klebestreifen

Durchführung:

In vier Ecken des Klassenraumes werden gut lesbar die Artikel „der", „die", „das", „die" (Plural) aufgehängt. Die Schüler nehmen sich von verschiedenen Stapeln jeweils eine Wortkarte, sehen sich das Nomen an und „ schleichen" zu dem entsprechenden Artikel. Dort werfen sie ihre Karte in einen Karton. Wenn alle Wortkarten in dieser Weise auf die Kartons verteilt sind, werden sie zum Kontrollieren unter die entsprechenden Artikel an die Tafel geheftet (Magnet, Klebestreifen). Die so entstandenen Listen werden nun von allen gemeinsam kontrolliert und fehlerhafte Zuordnungen korrigiert.

Hinweis:

Die Aufgabe eignet sich aufgrund der Vielzahl an notwendigen Wörtern (jedes Kind sollte mindestens vier bis fünf Wörter zuordnen können) eher für Kleingruppen (z. B. Fördergruppen).

46 Silben hüpfen

Ziel: Silben/Silbentrennung erkennen
Ort: Klassenraum
Sozialform: Klassenunterricht
Partnerarbeit für Variation
Material: –

Durchführung:

Alle Schüler stehen hinter ihrem Stuhl. Es wird ein Wort genannt und für jede Silbe wird ein Hüpfer durchgeführt.

Variation:

Zwei Partner überlegen sich drei (oder mehr) Wörter und schreiben sie auf ein Blatt. Anschließend sagt der Reihe nach jedes Paar ein Wort und die Mitschüler hüpfen die Silben.

In Partnerform mit einer Wörterliste für den Wochenplan geeignet.

Ziel: Silbentrennung erkennen
Ort: Schulhof, Pausenhalle oder Flur
Sozialform: Partnerarbeit
Kleingruppenarbeit für Variation
Material: Bälle, ggf. Lernwörterliste

Durchführung:

Zwei Kinder werfen sich im Wechsel einen Ball zu und sprechen dabei jeweils eine Silbe eines vereinbarten Wortes. Die Wörter können von der Gruppe festgelegt werden, aber auch vorgegeben sein (Diktatvorbereitung).

Variation:

Eine Kleingruppe bildet einen Kreis und wirft sich den Ball entsprechend der Silbenzahl von mehrsilbigen Wörtern zu.

Die Übung und ihre Variation sind für den Wochenplan geeignet.

Ziel: Silbentrennung erkennen
Ort: Klassenraum, Schulhof, Pausenhalle
Sozialform: Klassenunterricht
Material: –

Durchführung:

Mehrsilbige Wörter werden gemeinsam gesucht oder vorgegeben. Alle Kinder sitzen im Stuhlkreis. Nun wird gemeinsam ein mehrsilbiges Wort gesprochen und dabei pro Silbe ein Stuhl weitergerückt.

Variationen:

a) Es werden Themen vorgegeben wie z. B. Mittagessen (Spaghettisoße), Koffer packen (Luftmatratzenstöpsel).

b) Es werden möglichst vielsilbige Wörter gemeinsam gesucht oder vorgegeben. Alle Kinder stellen sich Hand in Hand in einen Kreis, sprechen das Wort und gehen mit jeder Silbe einen Schritt zur Kreismitte.

Ziel: Silben erkennen
Ort: Schulhof, Pausenhalle, Klassenraum
Sozialform: Klassenunterricht, Kleingruppenarbeit
Partnerarbeit für Variation
Material: Schaumstoffwürfel

Durchführung:

Während sich die Kinder frei im Raum bewegen, wird z. B. eine 3 gewürfelt. Nun müssen jeweils drei Kinder eine Gruppe bilden und ein dreisilbiges Wort finden. Die gefundenen Wörter werden von jeder Gruppe mit Silbentrennung gesprochen, indem jedes Kind eine Silbe sagt (z. B.: Klas-sen-raum).

Variation:

Die Schüler bewegen sich frei im Raum und bilden nach dem Würfeln jeweils Paare. Entsprechend der gewürfelten Zahl (z. B. 4) überlegt jedes Paar ein mehrsilbiges Wort. Mehrere oder nur einzelne Paare sprechen ihr gefundenes Wort mit Klatschen gemeinsam.

Ziel: Silben erkennen
Ort: Klassenraum
Sozialform: Partnerarbeit
Klassenunterricht für Variation
Material: –

Durchführung:

Die Kinder oder der Lehrer schreiben verschiedene Wörter an die Tafel.
Die Schüler finden sich paarweise zusammen. Ein Schüler sucht sich heimlich ein Wort aus. Er stampft mit den Füßen die Anzahl der Buchstaben und klatscht mit den Händen die Anzahl der Silben. Der Partner soll das Wort erraten. Wenn das Wort so nicht erraten wird, kann es pantomimisch vorgespielt werden.

Variation:

Das Spiel ist auch im Klassenverband möglich. Dann suchen sich zwei Kinder ein Wort aus der Liste aus. Eines klatscht, das andere stampft und beide zusammen stellen es gegebenenfalls dar.

Ziel: Wortarten erkennen

Ort: Klassenraum

Sozialform: Klassenunterricht
Partnerarbeit für Variation a)

Material: –

Durchführung:

Für jede bekannte Wortart gibt es ein vereinbartes Zeichen, z. B. Verben = Klatschen, Nomen = Aufstehen usw. Der Lehrer nennt Wörter verschiedener Wortarten. Die Kinder sollen entsprechend reagieren.

Variationen:

a) Die Schüler bilden Paare. Ein Schüler nennt ein Wort, der andere reagiert.

b) Als Teamspiel: Die Klasse bildet zwei Teams. Jeweils zwei Schüler spielen gegeneinander. Wer zuerst richtig reagiert, gewinnt einen Punkt für sein Team.

c) Das Spiel kann auch mit Zeitformen gespielt werden, also z. B. Präsens = Aufstehen, Perfekt = Klatschen usw.

d) Während die Kinder stehen, wird von der Lehrkraft ein kurzer Satz vorgelesen, z. B. „Der Ball ist rot.“. Dann wird der Satz Wort für Wort vorgelesen und die Schüler machen für jede Wortart die verabredete Bewegung. Die Schwierigkeit besteht bei dieser Aufgabe auch darin, dass in einem Satz nicht jedes Wort einer der Wortarten zuzuordnen ist.

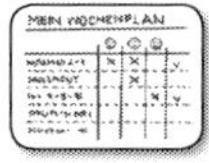

Als Partnerarbeit mit vorgegebenen Wörtern bzw. Sätzen eignen sich die Varianten a), c) und d) für den Wochenplan und können gleichzeitig dabei auch als Diktatvorbereitung dienen.

Ziel: Satzschlusszeichen erkennen
Ort: Schulhof
Sozialform: Klassenunterricht, Partner- oder Kleingruppenarbeit
Material: Kreide

Durchführung:

Auf dem Schulhof werden mit Kreide drei nebeneinanderliegende Felder markiert, denen jeweils ein Satzschlusszeichen zugeordnet ist. Die Klasse steht hinter den drei Feldern. Die Lehrkraft liest einen Satz vor. Jeder Schüler entscheidet sich für ein Satzschlusszeichen und stellt sich in das entsprechende Feld.

Variation:

Die Klasse bildet zwei Teams. Jeweils ein Kind soll (ggf. nach Beratung) in das jeweilige Kästchen laufen. Der Erste bekommt einen Punkt.

Hinweis:

Um bei der beschriebenen Aufgabe niemanden bloßzustellen, können auch Paare oder Kleingruppen gebildet werden.

Ziel: Wortschatz festigen/erweitern
Ort: Schulhof
Sozialform: Kleingruppenarbeit
Material: Softbälle

Durchführung:

Es werden Kleingruppen von vier bis sechs Schülern gebildet. Jede Gruppe hat einen Softball und stellt sich im Kreis auf. Ein Schüler nennt ein Wort und wirft den Ball zu einem Mitschüler. Dieser versucht, ein Wort mit demselben Wortstamm zu bilden, und wirft den Ball dann weiter.

Beispiel:

Laufen – Laufspiel – Nachtlauf …

Der Ball wird solange geworfen, bis der Gruppe kein weiteres Wort mehr einfällt. Anschließend werden die gefundenen Wörter notiert und dann das Spiel mit einem neuen Wort fortgesetzt.

Variationen:

a) Es sollen Gegensätze, Synonyme oder Reimwörter gefunden werden.

b) Es werden nur Verben ausgewählt und dazu sollen verschiedene Zeitformen gebildet werden.

Die Aufgaben eignen sich für den Wochenplan.

Ziel: Satzbau erkennen und üben
Ort: Schulhof, Pausenhalle, Klassenraum
Sozialform: Klassenunterricht
Material: vorbereitete Zettel

Durchführung:

Der Lehrer wählt Sätze aus, die sich umstellen lassen, z. B. „Die Katze sitzt auf dem Bett – Auf dem Bett sitzt die Katze". Er schreibt jedes Wort auf einen Zettel.

Die Kinder stellen sich in einem Kreis auf. Der Lehrer verteilt Zettel an einzelne Schüler. Diese Kinder stellen sich vor der Gesamtgruppe auf und halten ihre Zettel sichtbar vor dem Körper. Sie werden zunächst von den Mitschülern in eine Reihenfolge gestellt, sodass sich ein sinnvoller Satz ergibt. Dann soll die Klasse diskutieren,

a) welche Wortgruppen nicht getrennt werden können. Die Kinder mit den entsprechenden Zetteln sollen sich einhaken.

b) wie man die Kinder umstellen könnte, ohne dass der Satz seinen Sinn verliert.

Ziel: die vier Fälle erkennen können
Ort: Klassenraum
Sozialform: Klassenunterricht, Partnerarbeit
Material: –

Durchführung:

Für die vier Fälle werden jeweils entsprechend viele Hüpfer vereinbart, also 1. Fall ein Hüpfer, 4. Fall vier Hüpfer. Die Schüler stehen mit geschlossenen Augen hinter ihrem Stuhl. Während der Lehrer deklinierte Nomen nennt, führen die Schüler entsprechend viele Hüpfer aus.
Beispiel: Der Baum – 1 Hüpfer, dem Baum – 3 Hüpfer usw. Anschließend bittet der Lehrer einen Schüler, der die richtige Anzahl gehüpft ist, den richtigen Fall zu nennen.

Hinweis:

Die geschlossenen Augen dienen einerseits der besseren Konzentration, andererseits aber auch dafür, dass kein Schüler bloßgestellt wird.

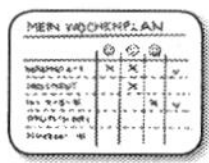

Als Partneraufgabe mit vorgegebenen deklinierten Wörtern eignet sich die Aufgabe für den Wochenplan.